AF363556

ERITEZ
LITTERAIRES

SUR LA TRAGEDIE

D'HERODE
ET
DE MARIAMNE,

Adreſſées à M. DE VOLTAIRE.

A PARIS,

Chez MUSIER, à l'entrée du Quay des Auguſtins,
du côté du Pont Saint Michel, à l'Olivier.

M. DCC. XXV.

AVEC PERMISSION.

VERITEZ
LITTERAIRES
SUR *LA TRAGEDIE*
D'HERODE
ET
DE MARIAMNE.
Adreſſées à M. DE VOLTAIRE.

VOUS n'avez pas bleſſé, Monſieur, *le reſpect des convenances*, en décorant vôtre Tragedie d'une belle Préface. L'illuſtre Auteur *d'Inès* vous a donné l'exemple ; puiſqu'il oſe retoucher votre *Oedipe*, il eſt juſte qu'à ſon imitation vous ayez le droit de faire des Préfaces. Celle que vous nous donnez eſt pleine de traits d'eſprit & de bon

A ij

goût, le Public auroit infiniment perdu, ſi vous aviez fait imprimer votre Piece ſans cet accompagnement.

J'ai d'abord été charmé de vos ſouhaits ingenus ſur l'abolition de la coûtume de tranſcrire les Piéces de Théâtre : mais qui ſe chargera de reformer cet abus ! Jaloux d'une gloire plus réelle, vous n'enviſagez pas comme un *honneur ſingulier* d'avoir été copié, vous allez au ſolide. Trois Editions furtives de votre Tragedie, vous touchent ſenſiblement ; le Public court riſque d'acheter un mauvais Ouvrage, vous vous hâtez de lui en vendre un *où il n'y ait de fautes que les vôtres.* Quel noble déſintereſſement qui va juſqu'à ſacrifier une partie de vôtre réputation !

Je vous ſçai bon gré, Monſieur, d'avoir tranſmis à la poſterité l'Hiſtoire des differens ſuccès de vôtre Tragedie : mais pourquoi mettre ſa chûte ſur le compte du Public ? Eſt-ce que les applaudiſſemens n'ont pas entierement effacé un ſouvenir trop importun ? Si l'on vous croit, *Herode* & *Mariamne* déplûrent, parce que vous aviez adopté ſes idées. Vous avez apparamment, Monſieur, un genie à votre diſpoſition ; je ne vois pas comment vous auriez pû ſans ce ſecours vous tranſporter dans toutes les imaginations. C'eſt un trait de votre politeſſe de mettre ainſi le Public en contradiction avec lui-même. Ne craignez-vous pas que la partie la plus éclairée, ſenſible à cette accuſation generale, contrediſe les applaudiſſemens de la plûpart des Spectateurs, qui ne connoiſſant pas aſſez la nature, ne réſiſtent point à ſes premiers mouvemens ? Les perſonnes intelligentes & délicates ne

fe pretent au plaifir qu'après avoir examiné fcru-
puleufement fi ce qu'on leur prefente eft en droit
de plaire. Etes-vous fûr que vôtre Piece impri-
mée fera naître en eux ce fentiment de plaifir ?

Rien n'eft plus vrai, Monfieur, qu'il faut peindre les Heros connus, tels qu'ils ont été ; mais c'eft
une *inconfequence* de prétendre qu'il faille s'affu-
jettir fervilement aux couleurs de l'Hiftorien ; le
genie du Poëte confifte à les ajufter au Theâtre ;
en forte qu'un ingenieux mêlange laiffe toûjours
appercevoir la qualité dominante du Heros. Horace
n'a pas penfé autrement ; voici le Commentaire
des deux Vers que vous citez :

Aut famam fequere aut fibi convenientia finge.

Ce feroit méconnoître vos illuftres amis que de
leur prêter d'autres fentimens ; je crois qu'ils vous
ont fimplement exhorté à conferver à vos Heros,
les traits univerfellement connus, dans la perfua-
fion que vous étiez affez éclairé pour leur donner
le luftre de la Poëfie. Toute leur erreur confifte à
vous avoir crû trop habile. Quelle ingratitude
de les charger des défauts de votre Piece, fans
excepter votre *prétendu Apollon !* Au lieu de recou-
rir à une défaite fi peu honnête, il falloit avoüer
que vous n'aviez pas encore faifi l'art d'embellir
les caracteres. En eut-il trop coûté à votre amour
propre de facrifier les interêts de l'efprit à ceux
du cœur ?

Herode eft dans l'Hiftoire tel que vous le reprefentez dans vôtre Préface, fes crimes le font dé-
tefter, fon amour & fes remords attendriffent,

vous avez seulement adouci le caractere de *Mariamne* ; ainsi vous n'êtes pas dans le cas ou *la premiere regle soit de s'écarter des regles prescrites*, vous n'avez fait que les suivre, & vous les avez précisement violées, lorsque vous avez crû en être le timide observateur. Voilà comme *les veritez*, pour me servir à mon tour des expressions de M. *Pascal*, *se succedent du pour au contre, à mesure qu'on a plus de lumieres.*

Je ne m'arrête pas ici à examiner les raisons que vous alleguez pour justifier une partie du rôlle de *Varus*, j'aurai dans la suite occasion d'entamer ce détail, je vous dirai seulement que ce Romain ne ressemble pas mal à *Philoctete*, & que tout ce que vous dites, pour excuser son incivilité envers *Herode*, qu'il ne voit jamais, se tourne presque en preuves contre son amour *postiche*.

Je m'attendois, Monsieur, à trouver dans votre Préface une Critique & une Apologie entiere de votre Piece, semblable à celle que vous nous donnâtes à la suite de votre *Oedipe*. Vous crûtes alors de faire par là tomber les armes aux Critiques, l'expedient ne réussit pas ; vous vous livrez aujourd'hui de meilleure grace, à la malignité du Public ; c'est prendre son parti en homme sage. Si je ne connoissois pas toute l'étenduë de vos lumieres & de votre modestie, je vous soupçonnerois d'être devenu moins éclairé sur vos défauts. L'éclat de votre réputation fera disparoître ce soupçon aux yeux de ceux qui pourroient ignorer combien vous êtes en garde contre l'illusion de l'amour propre.

Vous refutez folidement le ridicule paradoxe de certains vifionnaires qui regardent les Vers comme la derniere partie d'une Piece de Theâtre. Le parallele de *Racine* & de *Pradon* decele un homme de goût ; il eſt d'une juſteſſe admirable. L'application tournera toûjours à votre avantage ; vos Vers ſont bien frapez, énergiques & pleins de genie ; vous avez pour *émules*, des Poëtes dont les uns font des Vers ingenieux à la verité, mais qui effraient l'oreille ; & les autres n'ont pour tout merite qu'une aride & froide élegance. J'aurois voulu que vous euſſiez attaqué en particulier le Syſtême *Antiharmonique* de nos *Modernes*, vous n'ignorez pas qu'ils ont debité là-deſſus je ne ſçai combien d'abſurditez ; comme s'il n'étoit pas néceſſaire d'allier l'interêt de la raiſon poëtique, avec le jugement délicat de l'oreille.

Rien n'eſt plus décifif que les exemples dont vous vous ſervez, Monſieur, pour montrer que les ſujets les plus ſérieux ne réſiſtent point au Comique. L'art du Poëte confiſte à imprimer un air de majeſté à toutes les ſituations, il ne faut pas même que le ridicule *tranſpire :* ainſi quand de l'aveu du Poëte, les ſpectateurs n'ont ſçû dans une certaine circonſtance, s'ils *devoient rire ou pleurer,* il faut augurer de là que le Comique s'y trouve, la ſuſpenſion ſeule en eſt un ſigne peu équivoque.

Vous convenez ingenument, Monſieur, & l'experience vous l'a appris, que le ſujet de votre Tragedie eſt ſuſceptible du Comique ; c'eſt par la lecture de votre Piece qu'on peut décider ſi vous avez ſçû annoblir le ſujet, ſans qu'il y ait du ridicule dans les chofes. Comptez que je vous rendrai là deffus une entiere juftice.

Je vous avoüe que je *fufpecte* votre fincerité dans le fouhait que vous faites de voir votre *Mariamne* retouchée par le même Auteur qui va donner une nouvelle Tragedie d'*Oedipe* ; il y a du mécompte & de la préfomption, fi vous croyez qu'en *remaniant* ce fujet, il fera votre imitateur : le Public ne perdra rien à la difference de l'intrigue ; le plan de votre *Oedipe* n'eft pas trop bon. Ce n'eft pas en travaillant d'après cette Tragedie que M. D. L. M. dédaigne la gloire d'être excellent copifte, cette diftinction eft refervée à *Homere* & à *la Fontaine*.

La fin de vôtre Préface eft très-curieufe, je ne vous diffimulerai pas qu'elle m'a fait rire. Vous avez la bonté de nous apprendre que vous n'avez aucune part aux Editions de votre Poëme de la *Ligue*. N'auriez-vous pas fait plus d'honneur à votre fincerité, en défavoüant feulement les Editions qui n'ont pas tourné à votre profit ? Des efprits fâcheux & incivils, fe plaindront peut-être que vous ayez envelopé dans ce défaveu, celle que vous avez eu le talent de vendre fi cher ; & qu'après tant d'argent qui vous en eft revenu, vous n'ayez pas épargné au Public cette efpece de raillerie. Soyez perfuadé, Monfieur, que je n'adopterai jamais des plaintes fi défobligeantes.

Avec la même liberté que je vous ai dit mon fentiment fur la Préface, je vais m'expliquer fur votre Tragedie, auffi attentif à en admirer les beautez, qu'à en relever les défauts. Il n'appar-

(9)

tient qu'à un Critique malin de diffimuler les unes pour embellir les autres, c'eft une rufe que j'ai toûjours déteftée. Je me borne dans cette Lettre à vous faire part de mes reflexions fur les caracteres de *Varus*, d'*Herode* & de *Mariamne* ; ce détail conduit néceffairement à l'examen de la *contexture* de la Piece ; mais comme j'ai principalement en vûe le premier objet, je ne m'arrêterai au fecond qu'autant que la liaifon des idées m'y entraînera.

Le caractere de *Varus* m'a toûjours paru très-défectueux ; il eft mal ajufté, plein de contradictions ; c'eft un caractere qui n'eft point décidé, où il n'y a rien de vrai-femblable. Vous nous donnez, Monfieur, ce Romain pour un Heros *vertueux*, chargé des emplois les plus difficiles & les plus honorables. Son cœur infenfible aux féduifantes beautez de Rome, n'a pû tenir contre les chaftes attraits de *Mariamne* : mais il n'eft ni *troublé par la paffion*, ni *aveuglé par l'efpoir* ; Mariamne a *vaincu* fon cœur fans l'avoir *amoli*. Ce Romain n'a de zele & de courage que pour le falut de la Reine. Vengeur du crime il veut faire triompher la vertu, Voici comme il finit une converfation qu'il a avec fon confident :

Scene 3.
du 1 Acte

> Et plein du noble feu que fa vertu m'infpire,
>
> Je prétens la venger, & non pas la *féduire*.

A ces traits je me reprefente un homme grave, dont la prudence dirige les vûes, que la paffion excitée par les charmes de la vertu, rend plus éclairé fur les mefures qu'il prend pour fauver l'objet de sa tendresse. Raprochons la conduite que vous faites tenir à ce Romain, il en resultera un contraste ridicule ; ce ne sera plus le même homme, vous trouverez un fanfaron, une espece de Chevalier errant, qui par son imprudence devient l'auteur de la mort de *Mariamne*.

Varus apostrophe d'abord *Mazaël*, un des Ministres d'*Herode* ; il le charge d'écrire à son Maître mille impertinences, *Philoctete* n'en a jamais plus dit. Peu content d'avoir fait emprisonner *Zarés*, envoyé pour faire périr *Mariamne*, il prétend lui faire grace, parcequ'il ne l'a point fait expirer au milieu des supplices. Ce n'est pas tout, après avoir vertement reprimandé *Mazaël*, le Promoteur des cruels projets de *Salome*, il lui recommande d'un ton impérieux, de prendre soin de *Mariamne* :

> Allez que Mariamne en Reine soit servie,
>
> Et respectez ses loix, si vous aimez la vie.

Ce début annonce-t-il un homme mesuré dans ses actions ? *Varus* tranche du brave, parce que le Roy est absent. Mais pourquoi, Monsieur, ce Romain met ensuite *Zarés* en liberté, & le *renvoye par mépris au Roy*, qui est je ne sçai où ? Est-ce afin de fléchir *Herode* en faveur de la Reine ? Il y a peut-être plus d'art qu'on ne pense dans cette variation. Vous faites de *Varus* un homme à reflexion, il repare sa premiere équippée par une sotise.

Il me semble que pour conserver à ce Heros le titre de *vertueux* & de *magnanime*, vous auriez dû ne pas lui mettre dans la bouche une declaration d'amour, au moment que *Mariamne* a befoin de fa protection. On diroit que *Varus* veut furprendre fa tendreffe par des vûes d'interêt. La bienféance demandoit que vous prétaffiez à ce Romain des fentimens plus nobles & plus épurez. Ce qui pourroit vous excufer, c'eft que dans le fond *Varus* n'eft pas un amant d'un ordre fi parfait & fi fublime. Avec la penfée de ne pas *féduire*, & de ne point fe laiffer aveugler par l'*efpoir*, il avoüe cependant qu'il a *perdu* une certaine *efperance*. Quoique vous vous expliquiez obfcurement, il eft peu de gens qui ignorent ce qu'on efpere quand on aime une belle : je vous pardonne cette contradiction de fentimens, vous avez fans y penfer attrapé la nature ; on ne s'avife point d'aimer une femme en l'air, l'interêt du plaifir anime, je ne crois pas que la vertu Romaine mette fes Heros au deffus de cette forte de foibleffe. Vous voyez, Monfieur, que je ne laiffe point échaper l'occafion de juftifier des défauts qui peut-être ne trouveroient pas grace auprès d'un efprit délicat. *Scene 6.*

Ce qui me revolte le plus, Monfieur, c'eft que *Varus* qui brûle de fauver *Mariamne*, eft pourtant dans une inaction perpetuelle. *Nabal*, une des créatures de la Reine, eft obligé de lui reprefenter, que malgré la neceffité où elle eft de fuir, elle ne peut fe déterminer. Tout le zele du Romain aboutit, à ordonner à cet Officier de partir avec elle ; il accompagne cet ordre de mille beaux fouhaits pour un heureux voyage. L'occafion de menager la fuite étoit trop facile, *Varus* la néglige, c'eft un Heros qui ne cherche que les grands dangers. Tout cela eft judicieufement penfé. *Scene 1.* *du 3. Acte*

Scene 3. Le procedé qu'il tient un moment après, n'eſt ni moins puérile, ni moins inſipide. *Idamas* un des Miniſtres d'*Herode*, mais fidele à *Mariamne*, vient au nom de ce Roy, *embraſſer les genoux de Varus*; il lui apprend qu'*Herode* va bien-tôt recevoir le Diadême de ſes mains, & lui ſoumettre un rang qu'il doit à ſes bontez. *Varus* arrête *Idamas*. Je ne ſçai ſi on reconnoît à ſa réponſe, *un* **Scene 1.** *de ces Vainqueurs ſoupçonneux qui ſont jaloux de* **du 1. Acte** *leurs droits, & dont l'orgueil aime à punir les Monarques.*

Idamas, arrêtez.
Le Roy peut s'épargner ces frivoles hommages,
De l'amitié des grands, importuns témoignages;
D'un Peuple curieux, trompeur amuſement,
Qu'on étale avec pompe, & que le cœur dément.

Si l'on écoute les préjugez, ce trait n'eſt pas trop Romain; il y a tout au plus un peu de fanfaronade. Le reſte de la Scene eſt dans le même goût. *Varus* oubliant qu'il a donné ordre de faire partir *Mariamne*, demande à *Idamas* ſi elle eſt en ſûreté. Ce Miniſtre ne lui diſſimule pas le péril où elle ſe trouve. Il lui peint le ſombre caractere d'*Herode*, les artifices de *Salome*, & implore ſa protection en faveur de *Mariamne*. *Varus* lui répond aſſez plaiſamment :

Il ſuffit, Idamas;
La Reine eſt en danger; Albin, ſuivez mes pas;
Venez, c'eſt à moi ſeul de ſauver l'innocence.

Le judicieux *Idamas* voyant que *Varus* bat la campagne, voudroit l'engager à voir *Herode*, c'étoit effectivement le parti le plus ſage & le plus ſûr. Voici comme il s'excuſe :

Je fçai qu'en ce Palais je dois le recevoir ;
Le Senat me l'ordonne, & tel eſt mon devoir ;
Mais un autre interêt, un autre ſoin m'anime,
Et mon premier devoir eſt d'empêcher le crime.

C'eſt-à-dire, que pour arrêter la fureur d'*Herode*,
Varus doit fuir ſa préſence. Je vous avoüe, Monſieur, que la liaiſon de ces deux idées m'échape,
ayez la bonté d'initier le Public à la Logique des
Poëtes, ſi vous ne voulez pas être expoſé au rê-
proche de raiſonner peu conſequemment.

Croyez-vous, Monſieur, d'avoir par ces couleurs ſauvé la vrai-ſemblance ? il me ſemble qu'el-
les ne font point diſparoître la neceſſité de faire
parler deux Heros, naturellement intereſſez à
éclaircir certains myſteres. *Herode* a été long-tems
abſent, il doit ce jour-là être couronné par *Varus*.
Le Romain a gouverné en Roy dans Jeruſalem ;
il a fait empriſonner un homme chargé des ordres
du Prince ; il a ordonné qu'on lui écrivît cent
choſes déſobligeantes. Eſt-il vrai-ſemblable que ces
deux Heros n'ayent rien à ſe dire ? Ne leur don-
nez-vous pas trop de diſcrétion, & trop peu de
curioſité ?

Les raiſons que vous apportez, Monſieur, dans
votre Préface, font ſentir les difficultez qu'il y a
de menager l'entre-vûe de ces deux Heros ; mais
la neceſſité ſubſiſte toûjours. Tout ce qu'on doit
conclure de votre raiſonnement, c'eſt qu'il falloit
appuïer l'interêt que prend *Varus* au ſalut de *Ma-*
riamne, ſur des motifs plus dignes de la generoſité
Romaine : ſa qualité d'amant, & d'amant impru-
dent, forme le plus grand obſtacle, & *infecte* entierement le caractere de ce Heros.

Les tendres & genereux fentimens de *Varus*, préparent le fpectateur à des grands efforts pour fauver *Mariamne*. Cependant voici tout l'effet des promeffes, *d'empêcher le crime*. Varus place fecretement une efcorte auprès des murs, pour enlever plus fûrement la Reine. Son projet eft découvert, alors il court à la Place, renverfe l'échaffaut dreffé pour *Mariamne*. Tandis qu'*Herode* paroît avec fes Troupes pour arrêter ces défordres, *Varus* s'échape, & penetre jufqu'à l'Appartement de la Reine, qu'il exhorte inutilement à prendre la fuite. Je ne fçai pourquoi il couronne toutes ces équipées en fe faifant tuer fans aucune neceffité.

A la vûe de tant de traits bizarres & ridicules, reconnoiffez-vous un Romain épris d'un amour genereux ? Convenez avec moi qu'il feroit difficile de fixer le caractere de *Varus* ; fi fon imprudence pouvoit le faire méconnoître. Vous ne l'avez mis fur la fcene que pour fournir un prétexte à la cruauté d'*Herode*.

Si vous me demandez, Monfieur, ce que *Varus* auroit dû faire pour foutenir le caractere qu'il fe donne lui-même, j'aurai l'honneur de vous répondre, qu'il ne m'appartient pas de vous donner des idées Theâtrales : il me fuffit d'avoir montré que le caractere de ce Romain eft un tiffu de contradictions. Encore fi ces imprudens donnoient lieu à des incidens intereffans, le fond l'emporteroit fur la forme, & vous juftifieriez ce qu'on a coutume de dire, *que les beautez d'un Ouvrage naiffent quelquefois d'un défaut*. Mais rien de femblable ne fe trouve dans votre Tragedie. *Varus* intereffe d'abord par fes fentimens heroïques, comme fa con-

duite les dément bien-tôt, cette premiere impreffion majeftueufe, cede à l'impreffion d'un ridicule
plus continu. Son imprudence dégrade les vertus que *Mariamne*, foupçonnée par fon mari
d'aimer ce Romain, fait paroître dans le refus de
s'enfuir avec lui. C'eft par des reflexions de com-
paraifon que j'ai trouvé ce défaut. Vivement émû
à la reprefentation, je n'eus pas le tems d'examiner fi j'avois raifon de l'être ; les fublimes fentimens de *Mariamne* foutenus de la plus féduifante
déclamation, éclipferent *Varus*.

Avant que d'aller plus loin, permettez-moi,
Monfieur, de vous faire part d'une découverte
Litteraire. Un Auteur qui pourfuit à feu & à fang
le Plagiarifme, foutenoit dernierement, que *Varus*
eft une copie du *Heros de Gracien* : il prit la nouvelle *Traduction* de l'Ouvrage Efpagnol ; & je vis
avec furprife qu'ils avoient effectivement quelque
air de reffemblance. Cependant je ne fuis pas de
cet avis. Outre que vous ne vous piquez pas de
fçavoir la Langue Efpagnole, il s'en faut bien que
vous affectiez l'obfcurité de *Gracien*. Varus ne
peut être méconnu que par des gens qui fe refu-
fent à l'évidence. Vous voyez, Monfieur, qu'en
vous critiquant, je n'abandonne pas les fonctions
d'Apologifte.

Quelque amour que vous ayez pour la verité,
je ne crois pas que vous foyez tout-à-fait content
d'une naïveté fi peu mefurée. Il eft jufte, Monfieur, d'adoucir des traits peut-être trop vifs,
en vous prouvant que les beautez de votre Tragedie ne me font point échapées. Soyez-en perfuadé,
je fens tout le plaifir de vous loüer.

Vous avez embelli le caractere d'*Herode* avec tout l'art imaginable ; ce n'est pas précisément un Prince barbare, tyran de sa femme & de ses sujets. Vous l'avez peint comme un Heros maîtrisé par l'amour le plus legitime, soupçonneux, jaloux, qui éprouve successivement les mouvemens les plus opposez, & dont les remords & la douleur font un impression touchante :

> Cruel dans son amour, soûmis dans ses fureurs :
> Esclave en son Palais, Heros par tout ailleurs

Si je n'avois craint de vous ennuyer, j'aurois rapporté le portrait en entier. Il est plein de ces traits qui s'emparent de l'esprit & du cœur. Quelle vivacité de couleurs ! quelle force d'expression ! C'est ici où l'on peut *se promettre un digne succesfeur de Corneille & de Racine.*

Après avoir si bien saisi ce caractere, vous n'auriez pas dû, Monsieur, lui prêter une conduite qui le contredit quelquefois. Vous supposez dans votre Piece qu'*Herode* envoya de Rome *Zarés*, avec ordre de se défaire de *Mariamne* ; ordre qui fût bien-tôt revoqué. Le Roy en arrivant à Jerusalem, va d'abord voir la Reine. qui lui fait un accueil froid & méprisant. C'est après cette entre- *Scene 4.* vûe qu'*Herode* paroît sur la Scene : il rencontre *du 3. Acte* *Varus* qui le fuit. Frapé de tant de marques d'indignation, il se regarde comme l'objet de l'horreur universelle ; il s'attendrit, il pleure. Prenez-y garde, Monsieur, les larmes & la douleur sont dégradées par ce Vers :

> Eh quoi ! Varus semble éviter ma vûe !

Comme cette fuite de *Varus* n'est qu'un jeu d'enfant,

fant, elle jette un air de ridicule dans cette Scene ; d'ailleurs à la vûe de ce Romain, il doit se souvenir de l'affront qui lui a été fait dans la personne de *Zarés* ; sa douleur devroit alors se tourner en indignation : comment un Prince livré à des soupçons éternels, ne rapproche pas le mépris de *Varus*, de celui de *Mariamne*.

La Scene suivante est peut-être la plus intéressante de toute la Piece, rien n'affecte plus vivement que les retours d'*Herode* sur lui-même. Devenu son propre accusateur, il touche par la peinture de ses crimes & des vertus de *Mariamne* ; ces deux objets ainsi réunis, réveillent toute la tendresse des spectateurs. *Scene 5.*

Herode soutient assez bien son rôlle dans son premier entretien avec *Salome* sa sœur. N'avez-vous pas copié, Monsieur, trop servilement l'histoire, en le faisant passer si rapidement de l'amour le plus tendre & le plus vif, au courroux & à l'indignation. Le caractere est vrai ; mais est-il vrai-semblable ? Vous sçavez mieux que moi combien un Poëte doit être attentif à rendre ses caracteres plus vrai-semblables que vrais ; c'est par là qu'il se distingue de l'Historien. *Scene 6. Scene 7.*

Vous me direz, Monsieur, que la nouvelle de l'enlevement de *Mariamne*, doit produire un effet extraordinaire dans l'esprit d'*Herode*, j'en conviens ; mais ce passage n'a point été assez préparé : ce Roy n'a laissé voir qu'un fond de tendresse pour *Mariamne* ; il est vrai que *Salome* en lui apprenant que sa femme en aime un autre, semble le disposer à ce changement si subit : mais souvenez-vous, Monſieur, que dans la même Scene il connoît toute la noirceur du caractere de ſa ſœur. Au milieu d'un retour cauſé par ſon amour, ne doit-il avoir des ſoupçons que contre *Mariamne?* D'ailleurs cette nouvelle lui eſt annoncée par un émiſſaire très-ſuſpect, par *Mazaël,* qui ne rougit pas d'empoiſonner la conduite de la Reine, dans le tems même qu'*Herode* exprime ſa douleur pour les mauvais traitemens qu'elle a reçus de lui. Je ne comprens pas, Monſieur, pourquoi *Herode* veut ſevir contre ſa ſœur, & qu'il épargne *Mazaël.* J'obſerverai en paſſant que ce perſonnage eſt très-défectueux. Son unique interêt eſt de ſervir par toute ſorte d'impoſtures, aux projets cruels & ambitieux de *Salome:* un perſonnage qui jouë un ſi long rôlle, devoit être lié à la Piece d'une maniere moins vague.

Scene 5.

Il me tarde, Monſieur, de vous parler de l'entretien d'*Herode* avec *Mariamne:* j'y ai reconnu en partie la verité de ce qu'ont dit vos deux Apologiſtes, que *le Parterre n'a pas commis une double injuſtice à votre égard, en condamnant Artemire & Mariamne, & que dans Mariamne il n'a condamné qu'Artemire.* En effet en confrontant cette quatriéme Scene, avec le fragment de votre *défunte* Tragedie, que vous nous avez donné à la ſuite de votre Poëme, j'y ai trouvé la même ſituation, & quelquefois les mêmes Vers. Dans le fond on auroit tort de vous faire un crime de vous être copié vous-même; je doute que vous euſſiez pû donner par remplacement une Scene plus touchante, & plus capable d'attirer ſur *Herode* &

Scene 4. du 4. Acte

Apologie de M. de V. p. 19.

Edition in 12. à Amſterd.

fur *Mariamne* des regards de compaffion.

Si j'aime à voir *Herode* oublier toutes fes fu-
reurs à la préfence de *Mariamne*, & reprendre
fes premiers fentimens de tendreffe, je fuis revolté
quand vous nous le reprefentez en proye à la plus
jaloufe rage, parce qu'on vient lui apprendre que
Varus a renverfé un échaffaut qui eft inutile,
puifqu'il a tout pardonné à *Mariamne*. Encore
une fois, Monfieur, ce paffage eft trop brufque.
Au lieu d'adoucir la cruauté d'*Herode*, ne la ren-
dez-vous pas infiniment plus odieufe, en lui me-
nageant des prétextes fi frivoles ? *Herode* a pardonné à *Mariamne*, un crime réel, avoüé ; dans
ce tems-là un étourdi renverfe un échaffaut ; la
colere de ce Roy s'enflâme ; il devient inéxorable.
Eft-ce ainfi que vous donnez à vos fituations un
air de vrai-femblance ! D'ailleurs cette peripetie
étant entierement femblable à celle de la Scene 7.
du 5. Acte ; elle ne fait qu'une languiffante impreffion ; le plaifir de la furprife eft épuifé, d'autant plus que la premiere eft fondée fur un motif
veritable ; au lieu que la feconde ne porte que fur
un fondement imaginaire, puifque *Mariamne* ne
fçauroit être coupable de l'équippée de *Varus*.

Herode va enfuite fe battre avec ce Romain :
victorieux il donne des ordres pour faire périr
l'innocente *Mariamne*, qu'il ne revoit plus, quoique fans lui demander aucun éclairciffement, il
lui ait déja pardonné une coupable fuite. Le caractere d'*Herode* n'eft-il pas un peu outré ? Il me
femble qu'en réduifant ce Roy à la fatale neceffité
de faire mourir fa femme : on auroit dû menager

un évenement qui eut en quelque façon excusé sa trop facile vengeance. Par là ses remords auroient plus attendri. Il faut avoüer, Monsieur, que le récit majestueux & patetique de la mort de *Mariamne* leur donne un grand éclat : mais je ne sçaurois vous pardonner d'avoir attribué à la mort de cette Reine la dispersion des Juifs, qui selon les Oracles des Prophetes, portent par toute la terre un caractere de malheur pour avoir mis à mort le Messie. Par le contraste de deux objets si differens, il se forme un mêlange d'idées profanes, qui ne répondent point à la sainteté d'un évenement qui a fait le salut du Monde.

Scene derniere.

Je vous avoûrai encore que je ne reconnois pas le politique *Herode*, quand je le vois courir étourdiment à la place pour se battre contre *Varus* qu'il n'a point vû, & de qui il doit recevoir la Couronne. Après avoir dissimulé toutes les insolences de ce Romain, il devoit prendre des plus sages mesures ; mais vous vouliez faire mourir *Varus* & *Mariamne*, il falloit par consequent sacrifier à ces évenemens la prudence d'*Herode* ; c'est dans ce cas que le mépris de la raison doit être compté pour une faute heureuse & necessaire.

Trouverez-vous, Monsieur, que j'ai le goût difficile, si je vous blâme d'avoir fait mourir *Varus*. Ne faut-il pas attacher le Spectateur par le vrai sujet de la Tragedie. Pourquoi presenter à ses inquiétudes un objet étranger ? Tout l'interêt doit se tourner sur *Mariamne* & sur *Herode* ; cette diversion affoiblit les impressions de la mort de l'une, & des remords de l'autre : c'eſt une idée que je ſoumets cependant à votre critique.

Marianne intereſſera toûjours par ſa vertu , & par ſes malheurs ; vous avez ſubſtitué à ſon aigreur, une majeſtueuſe fierté. Sa hauteur n'a rien de trop dur ; mais ce caractere auroit été plus fini , ſi vous aviez plus varié les reproches qu'elle fait à *Herode*. Les périls continuels où elle ſe trouve , l'attente de ſa juſtification ſi adroitement ſuſpenduë ; enfin ſes malheurs produits par le reſſentiment le plus legitime , forment un flux & reflux , de terreur , de pitié , & d'admiration. Tous les ſentimens que vous lui prêtez répondent aſſez à ſon caractere ; vous auriez pû l'approfondir encore davantage ; que ne creuſiez - vous dans le fond de ſon cœur , vous auriez mis dans tout leur jour mille mouvemens que vous vous êtes contenté de laiſſer entre-voir ?

Frapé de tant de traits ſi nobles & ſi ſublimes , je ne devrois peut-être pas relever quelques petits défauts que j'ai trouvé dans la conduite de *Mariamne* , les beautez les remplacent abondamment : cependant ces taches legeres doivent être remarquées, non pour décrier un Ouvrage , mais ſeulement pour exciter le deſir de la perfection.

Je ſuis choqué de voir *Mariamne* méditer une fuite, au moment que ſon mari arrive. Eſt-ce-là un occaſion bien favorable ! N'auriez-vous pas pû faire plus d'honneur au jugement de cette Princeſſe ? Charmé de ſa haute vertu , je ne puis ſouffrir qu'elle accepte les bons offices de *Varus* , après qu'il lui a declaré ſon amour. Ce que vous infi-

Scene 5.
du 1.
Acte.

nnez pour couvrir ce défaut, n'eſt qu'un trait
d'eſprit qui n'éface point un ſoupçon injurieux à
ſa vertu.

> Ma conſtante amitié reſpecte encor Varus,
> J'oublirai votre flâme, & non pas vos vertus.

Puiſque j'ai eu la foibleſſe de vous communiquer
des doutes peut-être mal fondez, j'oſe encore vous
dire, que *Mariamne* m'auroit infiniment plus in-
tereſſé, ſi elle avoit été moins reſervée à faire connoître ſon innocence. Eſt-ce que ſa fierté auroit
perdu quelque choſe dans cette juſtification ?
Croyez-vous que ce n'eût pas été une bienſéance,
de la voir ſouhaiter qu'*Herode* ne commit pas un
crime ?

Le caractere de *Salome* eſt le plus achevé de
tous. Pour la bien peindre, il me ſuffit de tranſporter à cette Princeſſe les traits dont l'ïngenieux
Apologiſte de M. de la Motte, s'eſt ſervi pour
nous tracer le portrait d'un conſpirateur. *Quel-*
quefois d'une intrépidité bruſque & hazardeuſe, elle
s'impatiente des délais trop lents de la prudence,
elle précipite les évenemens qui ne décident point :
elle oſe à proportion d'une haine prudemment con-
duite. Quelquefois elle arrange, elle prépare le ſuc-
cès de ſa vengeance ; elle voit dans les circonſtances
le point précis qui la favoriſe ; & par des prépara-
tions adroites, elle ſçait les amener à ce point. D'un
eſprit fin & ſouple, elle cede prudemment aux ob-
ſtacles, & les tourne ſouvent en moyens. Elle lie, elle
concerte Herode & ſon Miniſtre, & réduit, ſi je
l'oſe dire, en Syſtême toutes leurs paſſions. Enfin l'aſ-

Apologie
de M. de
la Motte,
p. 50.

cedant qu'elle a fur l'efprit de fon frere, eſt toû-jours fubordonné à des menagemens délicats qui dérobent la vûe de l'artifice.

Voilà, Monfieur, à quoi je réduis mes réflé-xions fur votre Tragedie ; j'aurois pû les pouffer plus loin ; mais je n'aurois pas évité l'accufation de Critique pointilleux , fi j'étois entré dans un détail de petits défauts qui peut-être rehauffent les beautez de votre Piece. Dans le defir d'être utile au Public, j'ai faifi les objets les plus dignes de fon attention ; je fuis jaloux de fon fuffrage , auffi-bien que du vôtre. Ne pourrois-je pas efpe-rer de votre amour pour la verité , que vous me pardonnerez quelques petites vivacitez ? Unique-ment appliqué à égayer la matiere , je n'ai point envifagé l'indigne plaifir de vous offenfer. Vos meilleurs amis ne vous eftiment pas auffi fincere-ment que moi. Prêt à vous affocier à *Corneille* & à *Racine* , je n'attens de vous qu'un peu plus de ref-pect pour la raifon & pour les regles. Eft-ce vous méprifer ? Eft-ce méconnoître votre mérite ?

Puifque j'ai ofé attaquer la *contexture* de votre Tragedie, vous me pardonnerez bien la liberté que je prens de marquer certains Vers qui ne font pas entierement dignes de vous. Ce que vous avez dit dans votre Préface fur la verfification , m'a perfuadé de l'utilité de ce petit détail.

> Je l'avoüe à regret , j'ai vû dans tous les lieux
> Mariamne *adorée* , & fon nom *précieux*.

Scene 1.
du 1. Acte

Le dernier hémiftiche du fecond Vers n'eſt que pour la rime ; il affoiblit la premiere idée. Après avoir dit que Mariamne eſt *adorée*, il eſt inutile d'ajoûter, que ſon nom eſt *précieux.*

Scene I.
du 1 Acte

> Songe à quel deſeſpoir Herode abandonné,
> Vit ſon épouſe altiere abhorrant ſes *approches.*

Ce terme d'*approches* eſt trop fort, il auroit fallu s'exprimer avec plus de délicateſſe.

Ibidem.

> Qui vous a répondu qu'Herode en ſa colere,
> *D'un eſprit ſi conſtant* juſqu'au bout perſevere.

Cette expreſſion, *d'un eſprit ſi conſtant*, pour dire, *avec conſtance*, n'eſt pas digne de votre réputation, vous auriez dû l'abandonner à certains Poëtes qui *martelent* des Vers.

Ibidem.

> Zarés à mes regards devoit ſe preſenter.

Voilà un Vers qui dit bien peu de choſe : la neceſſité d'apprendre au ſpectateur que Zarés va venir, le mérite-t-elle ?

Scene II.

> Mais je *reſpecte* Herode, aſſez pour me flater
> Qu'il *connoîtra* le piege où on veut l'arrêter.

Vous avez voulu dire, je *connois*, pour éviter la repetition du mot *connoître*, qui eſt dans le premier hémiſtiche du ſecond Vers : vous avez ſubſtitué celui de *reſpecter* ; expreſſion d'autant plus ridicule, que Varus ne *reſpecte* point ici Herode.

Scene I.
du 2.
Acte.

> Zarés fut ſur les eaux trop long-tems arrêté,
> La Mer alors tranquille à regret l'a porté.

Ces deux Vers ſont vuides de ſens ; vous me direz

que vous aviez befoin de deux rimes, à la bonne heure, je vous les pardonne.

> Ma bouche auprès d'Herode *avec* dexterité,
> Confondoit l'artifice *avec* la verité.

Acte 4.
Scene 1.

La repetition de ce mot *avec*, eft tout-à-fait défagréable ; il vous eut été facile de l'éviter.

> Les Vaiffeaux des Romains, *des bords de la Syrie*,
> Nous ouvrent fur les eaux le chemin d'Italie.

Scene 4.

Je ne fçaurois paffer cette conftruction, *les Vaiffeaux des Romains, des bords de la Syrie* ; vous avez voulu dire, *qui font en un Port fitué dans les bords de la Syrie.* Avoüez que vous ne pouviez vous expliquer plus obfcurement. Je fçai que la Poëfie a certains privileges, mais auffi ne doit-elle pas en abufer pour fe rendre *incomprebenfible.*

Cependant Mariamne
Au moment de partir, s'arrête, fe condamne.

Scene 1.
du 3. *Acte*

Avez-vous pû, Monfieur, faire grace à cette expreffion : *au moment de partir*, vous vouliez dire, *au moment de fon départ.* La premiere expreffion eft inufitée ; fi la feconde qui eft françoife, ne pouvoit entrer dans votre Vers, il falloit le tourner autrement.

> Sauvez de tant de Rois la *déplorable* fille.

Ibidem.

On dit bien, *une mort, un accident déplorable*, mais je ne fçai fi cette épithete peut convenir à la perfonne. Une fille *déplorable* me paroît un phénomene.

Scene 6.

> Ma rigueur implacable ;
> *En me rendant plus craint*, ma fait plus miserable.

Je faifis, Monfieur, votre penfée, mais parlez-vous bien françois, en difant, *rendre quelqu'un plus craint*. Il me femble qu'il n'y a point d'exemples d'une pareille expreffion.

Ibid.

> C'eft ce qu'*à vos vertus* mon amitié *defire*.

En verité je ne fçai comment vous avez pû juger ce Vers digne de l'impreffion, *defirer quelque chofe aux vertus d'un autre*, eft une expreffion fi heteroclite, que vous ne meritiez pas d'en être le créateur.

Scene 2.

> J'aimai, je déteftai, *j'adorai* l'infidelle.

Vous avez voulu faire *contrafter* les fentimens, il falloit mettre dans le fecond hémiftiche, une expreffion qui marquât l'oppofition. Par ce défaut vous avez gâté un beau Vers.

> Que fur toi s'il fe peut tout fon fang réjailliffe.

Je n'ai garde d'attaquer le Vers en general, il eft fort beau ; mais placé dans la bouche d'Herode furieux, il devient ridicule, parce qu'il paroît alors trop rafiné & trop fpirituel.

Acte 5.
Scene
derniere.

> Je *dois* à fa memoire,
> A fa vertu trahie, à vous, à votre gloire,
> *De vous montrer* le bien que vous avez perdu.

Cette expreffion, je *dois* à fa memoire *de montrer*, ne me paroît point encore en ufage ; on met d'ordinaire un mot après celui de *devoir*.

Voilà , Monſieur, la plus grande partie de Vers qui m'ont paru repréhenſibles. Cette courte Critique vous fait honneur ; il faut que vous poſſediez le talent de la Verſification dans un dégré éminent, puiſqu'il vous eſt échapé un ſi petit nombre de fautes. Ne craignez pas , Monſieur, que je vous faſſe un crime de certaines *inverſions* ; il ſied bien aux Poëtes de ne pas s'aſſujettir à la marche trop méçanique de la phraſe françoiſe : cette hardieſſe donne de l'éclat aux penſées ſublimes. J'aurois pû relever quelques rimes extraordinaires. Il y a long-tems qu'on vous a fait ce reproche , vous n'auriez pas trop mal fait de vous corriger. Quoiqu'on doive plaire au cœur & à l'eſprit plutôt qu'à l'oreille ; cependant de l'aveu des grands maîtres dont vous faites tant de cas, il ne faut point negliger la richeſſe de la rime , puiſque l'harmonie de la Poëſie Françoiſe emprunte d'elle ſes plus grands agrémens.

J'oubliois , Monſieur, de vous reprocher un petit larcin. Qui auroit jamais crû que vous auriez tranſplanté dans votre Tragedie un Vers des Fables de M. de la Motte. Le voici :

> Otons lui ſeulement l'interêt de nous nuire.   *Acte 1.*
> *Scene 1.*

L'avez-vous trouvé aſſez beau pour ne pas appréhender le reproche de Plagiaire ? Seriez-vous dans le cas de M. de la Motte ? On l'accuſa d'avoir pris ce Vers de Corneille.

> Vous parlez en Soldat , je dois agir en Roy.

Cet Academicien eut la modeſtie de dire , qu'il

avoit enfanté ce Vers dans la force de fon genie.
Auriez-vous recours à une fi belle défenfe ? Ofe-
riez-vous foutenir que vous devez ce Vers à votre
genie ? Ne craindriez-vous pas de le dégrader ?
L'aveu du larcin eft infiniment plus glorieux.

Peut-être ferez-vous curieux, Monfieur, de
connoître l'Auteur de ce petit Ouvrage, rien n'eft
plus aifé que de vous donner cette legere fatisfa-
ction. Vous connoiflez fans doute les deux Au-
teurs de votre *Apologie* ; adreffez-vous à eux, ils
vous donneront des juftes éclaircillemens, j'ai été
leur *Avocat confultant*, fans cependant que je
leur aie vendu mes *décifions*. Je fuis, &c.

F I N.

www.ingramcontent.com/pod-product-compliance
Lightning Source LLC
LaVergne TN
LVHW012108170726
843501LV00008BC/2798